BEI GRIN MACHT SICH IHR
WISSEN BEZAHLT

- Wir veröffentlichen Ihre Hausarbeit,
  Bachelor- und Masterarbeit

- Ihr eigenes eBook und Buch -
  weltweit in allen wichtigen Shops

- Verdienen Sie an jedem Verkauf

Jetzt bei www.GRIN.com hochladen
und kostenlos publizieren

Bibliografische Information der Deutschen Nationalbibliothek:

Die Deutsche Bibliothek verzeichnet diese Publikation in der Deutschen National-
bibliografie; detaillierte bibliografische Daten sind im Internet über http://dnb.d-
nb.de/ abrufbar.

Coverbild: https://en.wikipedia.org

Impressum:

Copyright © 2012 GRIN Verlag, Open Publishing GmbH
Druck und Bindung: Books on Demand GmbH, Norderstedt Germany
ISBN: 9783668300439

Dieses Buch bei GRIN:

http://www.grin.com/de/e-book/340384/das-diffizile-verhaeltnis-zwischen-philipp-
ii-und-alexander-iii

Oliver Märtin

Das diffizile Verhältnis zwischen Philipp II. und Alexander III.

GRIN Verlag

GRIN - Your knowledge has value

Der GRIN Verlag publiziert seit 1998 wissenschaftliche Arbeiten von Studenten, Hochschullehrern und anderen Akademikern als eBook und gedrucktes Buch. Die Verlagswebsite www.grin.com ist die ideale Plattform zur Veröffentlichung von Hausarbeiten, Abschlussarbeiten, wissenschaftlichen Aufsätzen, Dissertationen und Fachbüchern.

Besuchen Sie uns im Internet:

http://www.grin.com/

http://www.facebook.com/grincom

http://www.twitter.com/grin_com

Inhalt

1. Einleitung

Alexander II. führte die Alte Geschichte zweifelsohne in ein neues Zeitalter, welches von der Metamorphose vom persischen in das griechisch/ makedonische Zeitalter kündet. Wenn der Begriff Philipp II. in den akademischen Diskurs geworfen wird und kein Althistoriker zur Stelle ist, so gehen die Assoziationen eher in Richtung der Iberischen Halbinsel zu dem dortigen Philipp II. und assoziieren die unglückliche Heirat mit Bloody Mary und nicht zuletzt die legendäre Auseinandersetzungen zwischen den katholischen König von Spanien Philipp II. und der namhaften Halbschwester seiner einstigen katholischen Ehefrau, der nachfolgenden protestantischen Königin Elisabeth I.

Philipp II., König über Makedonien und Hegemon über die griechischen Stadtstaaten, steht im Schatten seines Sohnes Alexanders, der später und insbesondere nach dem Besuch des Orakels in Siwa bemüht war, selbst die Vaterschaft zu Philipp II. mehr oder weniger indirekt in Zweifel ziehen zu lassen.[1]

Die Beziehung zwischen Philipp II. und Alexander besteht neben klassischen Elementen wie Vater Sohn Rivalität, Verbrüderungssituationen und einem (normalen) Parallelleben, in dem sich Alexander seiner Peergruppe zuwendet und Philipp sich den Feldzügen, der Herrschaft und der Ekstase widmet. Dennoch lassen sie sich nicht auf die oben skizzierten bilateralen Elemente in der Beziehung zwischen König und wahrscheinlichen Thronfolger reduzieren. Vielmehr muss immer eine tertiäre Ebene in der Beziehungskonstellation berücksichtigt werden. Die Mutter von Alexander und eine von mehreren Gemahlinnen von Philipp – Myrtale, die unter dem von ihr adoptierten Namen Olympia in die Geschichtsbücher eingehen sollte.

Um an dieser Stelle die größtmöglich anzunehmende akademische Provokation zu wagen: Soll hier auf ein wahrlich nicht zitierfähiges und wohl noch nicht mal normativ populärwissenschaftlichen Werk eingegangen werden, dass dennoch die Alexander Rezeption maßgeblich beeinflusst hat, den Alexander Film von Oliver Stone:

Hier stellte der Vertraute Hephaistos Alexander die Frage, ob er nach dem endgültigen Sieg über Persien nicht auch deshalb immer weiter in die Welt des Ostens vordringt, um vor seiner Mutter davonzulaufen. Diese kurze eingefügte Dialogszene des Drehbuchautoren steht stellvertretend für die komplexe und vielschichtige Persönlichkeit mit der wir es mit Olympia, eine der prominentesten Frauen der Alten Geschichte, zu tun haben.

---

1 Vgl. Gerücht der Abstammung vom ägyptischen Pharao Nektaneboss II, welcher dem Gerücht zu Folge nach seiner Absetzung als Pharao durch die Perser nach Makedonien flüchtet.

Die klassischen Produzenten der Primärquellen zu Alexander, die man der Tradition zuordnen kann, konzentrieren sich fast ausschließlich auf die Leistungen Alexanders und somit auf seine Regierungszeit und seine Feldzüge auf dem Balkan, in Hellas und insbesondere im Perserreich. Überlieferungen zu Alexanders Jugend, sind aus einer Zeit in dem das Verfassungen von Biografien noch nicht in Mode gekommen war und daher eher rar gesät. Was hiervon ist Legende und was Historizität? Diese Fragen muss die Alte Geschichte immer wieder neu bewerten.

Diese Problematik ergibt sich grundsätzlich im Zusammenhang mit der Quellenlage zu Alexander. Heute sind die Publikationen hierzu und insbesondere die klassische Sekundärliteratur so weit vorangeschritten, dass es mehr als ein Menschenleben dauern würde, um sie in der Gesamtheit zu konsumieren. Viele der Originalaufzeichnungen und somit der Primärquellen wurden auf Papyri abgefasst, deren Halbwertzeit über die Jahrhunderte sehr vergänglich war und somit konnten Papyri nur in sehr heißen Gegenden und hier insbesondere in Wüstenarealen als Primärquellen überdauern. Außer sie wurden in der Spätantike oder zu Beginn des Mittelalters transkribiert und somit für die Nachwelt aufbewahrt.

Doch hier stellt sich die Frage nach Selektion und Tendenzen, die man unter dem Imperativ des Zeitgeistes oder der Laune des Zahns der Zeit zusammenfassen kann. Lange standen auch hier die Leistungen von Alexander III. und weniger seine Kindheit im Vordergrund. Insofern ist der Forschungsstand in seiner Gesamtheit komplex und unübersichtlich, während die Primärquellen zu Alexanders Kindheit und frühen Jugend eher eine exotische Seltenheit sind, mit diesen grundlegenden Rahmenbedingungen muss auch die vorliegende Arbeit operieren:

Die Beziehung zwischen Philipp und Alexander ist auch deshalb untersuchungswert, weil man die außerordentliche Leistung Alexanders und durch ihm die Ausbreitung des Hellenismus nur verstehen kann, indem man *the veritable groundwork* von Philipp II. betrachtet. Die Bewahrung der Unabhängigkeit Makedoniens, der Sieg über Theben als dominierendes Zentrum innerhalb der griechischen Stadtstaaten und die Ablösung derselben durch Makedoniern - aus einer Position der geopolitischen Peripherie heraus - und nicht zuletzt die Gründung des Korinthischen Bundes, welche die makedonische Dominanz über die Griechischen Stadtstaaten institutionalisieren sollte, war elementar für den außerordentlichen Erfolg von Alexander. All dies war die Leistung von Philipp II. und ebenso die Vorbereitung des Feldzuges gegen die Perser, welche nach der epischen Suche nach einem Mandatsträger, Philipp II. an sich gerissen hatte. Die Ermordung von Philipp sollte wie ein Deus Ex Machina den Perserfeldzug verzögern, Alexander in jungen Jahren an den Thron katapultieren, ihm die Gelegenheit geben alle Widersacher auszuschalten und nach einem kurzweiligen Intermezzo der Unruhe, Makedonier und Griechen unter dem Oberkommando von Alexander gegen Persien marschieren zu lassen...

Die Rolle Olympias und Alexanders bei der Ermordung Philipps bleiben indessen bis heute nicht abschließend normativ geklärt. Und reichen von Gerüchten im Zusammenhang von Anstiften, Mitverschwörung und weiterem bis zum Theorie Model der Handlung eines Einzeltäters, dessen Motiv ausschließlich Rache und Ehre waren.

Philipp, der Makedonien 25. Jahre regierte, führte sein Land aus einer außerordentlichen komplizierten Situation heraus und transformierte das Land in Rahmen seiner Ära nicht nur zu einer beachtlichen territorialen Erweiterung, sondern zur Hegemonie über ganz Griechenland und der Position der mächtigsten Militärmacht auf dem Balkan.

Dennoch ist Philipp II. - womöglich zu Unrecht – nur ein Schatten in der Ära Alexanders III. Und wird meistens in der Populärwissenschaft nur als ein peripherer Bezugspunkt in der Vita Alexanders III. wahrgenommen. Obgleich die Ära Phillips, die immerhin ein viertel Jahrhundert andauerte, das makedonische Kernland konsolidierte, den Staat und das Militär reformierte und in die Zukunft seines Sohnes und seiner Gefährten im Zusammenhang mit Aristoteles investierte.

Hätte es das Attentat nicht gegeben und anstatt Alexanders wäre ein Sohn von Kleopatra Philipp nachgefolgt und eben dieser Philipp hätte auf seinem erfolgreichen Perserfeldzug Kleinasien für Hellas zurückerobert, würde man dann nicht heute Philipp II. als den bedeutendsten Makedonier in der Geschichte ansehen?

Andererseits wäre die Geschichte Makedoniens dann nur ein Nischenthema in der Alten Geschichte, die Rückeroberung Kleinasiens hätte historisch kaum eine bedeutendere Rolle als die zeitweise Sukzession Ägyptens vom Perser Imperium gespielt. Den Hellenismus in diesem Umfang hätte es in der Geschichte nie oder bedeutend später gegeben. Seleukidenreich, das Ptolemäische Ägypten – mit dem vielleicht namhaftesten letzten Glied der dynastischen Kette Kleopatra – die Handelsmetropole Alexandria und viele weitere Post-Alexander Reiche und Teilreiche hätte es auf der geopolitischen Landkarte der Alten Geschichte nie gegeben.

War die Beziehung zwischen Alexander III. und Philipp II. immer konstant? Oder kann man vielmehr die Beziehung in verschiedene Phasen bzw. Aggregatzustände einteilen? Und inwieweit lassen sich die Politiken zwischen den beiden oben erwähnten veritablen Persönlichkeiten der Alten Geschichte vergleichen? Die Einordnung und Klärung dieser Frage ist die Zielsetzung der Untersuchung.

2. Biographie und Hintergrund von Philipp II.

Als Makedonien von König Amnyntas III. regiert wurde, schien sein Sohn Philipp nicht gerade dafür prädestiniert zu sein, einmal selbst König über Makedonien zu werden. Zwar von königlicher Geburt, hatte er älterer Brüder [z.B. der spätere Alexander II.]. noch dazu wurde er als lebendes Pfand für den bilateralen Friedensvertrag zwischen Illyrien und Makedonier nach Theben als Geißel gebracht. Der Friedensvertrag war gleichzusetzen mit einer militärischen und somit auch politischen Niederlage Amnyntas III. und Makedonien ging geschwächt und gedemütigt aus dieser Auseinandersetzung.

Nach Amnyntas III. folgte der älteste Sohn Alexander II. Auf den Thron. Dieser wurde rasch in einer Verschwörung von Phokenauis von Aloros ermordet. Philipp konnte diesen politischen Umbrüchen als Gefangener in Theben zuschauen. Dennoch wurden Philipp wichtige militärische und politische Lehren durch die Gefangenschaft vermittelt. Die militärische Interdependenz zwischen Infanterie und Kavallerie und der Nutzen von permanenten militärischen Übungen – beeindruckte Philipp stark.[2] Er sollte sie in seiner späteren Regentschaft übernehmen und perfektionieren.

Auf Mord folgte Mord und so wurde Phokenauis rasch von Perdikkas abgelöst, der seinen Vorgänger auch politisch beseitigte. Der neue König sollte wiederum in einer weiteren militärischen Auseinandersetzung mit den Illyriern fallen. In dieser delikaten Situation floh Philipp II. aus Theben und ging als neuer König der Makedonien in die Geschichte ein. Vorher hatte der in der Illyrer Schlacht gefallener König, Philipp – welcher inzwischen von der Thronfolge ausgeschlossen war – als Vormund für seinen unmündigen Sohn eingesetzt. Philipp fungierte erst als Vormund, bis er sich irgendwann selbst zum rechtmäßigen König erklärte.

Ähnliche – wenn auch weniger blutrünstig und rücksichtslos als sein Sohn Alexander – nutze Philipp die Phase der Machtübernahme gegen andere potenzielle Anwärter auf den Thron. Einige wurden außer Landes getrieben und andere verloren ihr Leben.[3]

Einer der großen Alexanderautoren Diodor schildert die militärischen Reformen, welche Philipp II. den Makedonen rasch verordnete: Besonders die Einführung der geschlossenen Phalanx sei hier zu erwähnen.[4] Und schon bald nach dem Regierungsantritt Philipps sollte es zu den ersten militärischen Auseinandersetzungen kommen. Ein erster Feldzug führte gegen die Päonen – und das Heer Philipp schlug sie erfolgreich. Danach folgte der Feldzug gegen den Erzfeind der Makedonier.

---

2 Vgl. Johannes Engels: Phillipp II. Und Alexander der Große, Darmstadt, 2006.
3 Ders. S.22.
4 Vgl. Hermann Bengtson, Philippp und Alexander der Große, München, 1985, S. 53.

Philipp stellte ein großes Heer gegen den König Bardylis, den Herrscher der Illyrer auf und führte seine Truppen in die Schlacht. Nach dem Sieg der Makedonier konnten alle ehemals von den Illyrer besetzen Gebiete wieder dem makedonischen Territorium einverleiben werden.

Auch die Stadt Amphipolis konnte Philipp erobern und so die Ostgrenze seines Reiches strategisch günstig erweitern. Dies vor allem in geopolitischer Hinsicht, weil er durch die Eroberung Zugriff auf die umliegenden Goldminen bekam. Dieser Umstand wird von vielen Historikern als ein außerordentlicher Faktor für den Aufstieg Makedoniens angesehen.

Die Halbbrüder Philipp, sowie die Söhne der gegnerischen Könige Amnyntas III. Und Gygaia flüchteten nach Olynth. Als Philipp auch diese Stadt einnahm, ließ er sie alle aus dem Weg räumen.[5]

Es folgten viele weitere Feldzüge und wie es der Historiker Bengtson präzise auf den Punkt brachte: „Philipp hielt sein Heer beständig in der Übung.[6]"

Besonders Philipp Eintritt in die Delphische Amphiktyonie ist ein historischer Tatbestand dessen Bedeutung nicht zu vernachlässigen ist. Hierdurch saß Philipp, noch vor dem Korinthischen Bund, mit dem griechischen Stadtstaaten an einem Tisch und konnte an der Etablierung eines Panhellenischen Nationalgefühls arbeiten, dass für einen potentiellen Perserfeldzug von außerordentlicher Bedeutung wurde.

Viele kleinere und größere militärische Expansionskriege später stand Philipp II. am 2. August 338 vor einen der größten Entscheidungsschlachten seines politischen Lebens. Theben und Athen hatten sich zu einer antimakedonischen Koalition zusammen getan, welche in der Geschichte als der antimakedonische Helenenbund des Demosthenes einging[7]. Beide Armeen waren in Ihrer Anzahl der Truppen als gleichstark anzusehen und der Ausgang der Schlacht daher ungewiss. Dennoch verschaffte die außerordentliche Kampf Erfahrung der makedonischen Truppen, sowie die veritable Taktik der Phalanx einen Sieg gegen die Bürgermiliz Truppen der antimakedonischen Allianz.[8] Ebenso wie das erfolgreich angewandte und von Philipp eingeführte Konzept der verbundenen Waffen.[9] Hiermit endete die Epoche der einzelnen freiheitlichen griechischen Poleis, die sich nun dem geopolitischen Hegemon über ganz Griechenland fügen mussten. Die gemeinsame Friedens-

---

5 Ders.
6 Ders. S. 72.
7 Vgl. Engels, Phillip II. Und Alexander der Große, S. 37.
8 Ders. S. 36.
9 Vgl. Abgestimmte Strategie der vorrückenden Phalanx mit dem aggressiven und strategischen Einsatz der Kavallerie, um die Phalanxreihen der Griechen zu brechen.

und Sicherheitspolitik im Zusammenhang mit dem Korinthischen Bund setzte der unabhängigen Außenpolitik der einzelnen griechischen Stadtstaaten Grenzen.[10]

3. Auserwählt unter Auserwählten - Die frühe Jugend Alexanders

Als Geburtsort Alexanders wird die makedonische Residenz- und Hauptstadt Pella angenommen.[11]

Einer sehr enge Bindung an seine Mutter Olympia stand eine deutlich weniger enge Bindung an seinem Vater gegenüber.

Alexander als Kind stand überwiegend unter der Obhut von Olympia, während Philipp sich den Feldzügen widmete. Sein erster Spielgefährte wurde Kleitos, der noch eine bedeutende Rolle im Leben Alexanders III. spielen sollte.[12]

Schreiben, Musik, Geometrie und zweifelsohne die legendären griechischen Epen von Homer gehörten zu seinem ersten Curriculum. Die starke Beziehung zu Olympia setze sich fort. Sie war immer bemüht erneut die Gunst des jungen Zöglings zu gewinnen bzw. diese zu verstärken.

Während der Zeit, in der heute die Konfirmation oder Jugendweihe stattfindet, bestellte Philipp den namhaften Philosophen Aristoteles an den Hof um Alexander und seine adligen Gefährten von ihm unterrichten zu lassen. Aristoteles stellte in seinem veritablen Curriculum besonders griechische Literatur, aber ebenso Medizin und naturwissenschaftliche Fragestellungen und nicht zuletzt Geographie in den Vordergrund.[13]

Mit ungefähr sechzehn Jahren wurde Alexander zum Stellvertreter von Philipp und Stadthalter von Makedonien ernannt, damit er das Kernland der Makedonen stellvertretend für seinen durch auswärtige Feldzüge abgelenkten Vater regieren konnte.

Die Phase des folgenschweren Konfliktes zwischen Alexander und Olympias auf der einen Seite und Philippp mit seiner neuen Geliebten Kleopatra auf der anderen Seite, wird in nachfolgendem Kapitel extra behandelt. Und Analog das Attentat auf der Hochzeit der Tochter von Philipp II. und somit Schwester Alexanders Kleopatra, welches die Alte Welt auf den Kopf stellen sollte...

---

10 Ders. S 36.
11 Vgl. Lauffer, Alexander der Große, S. 21.
12 Ders. S. 24.
13 Ders. S. 28 f.

Die Thronbesteigung Alexanders nach der Ermordung Philipps war nicht vollkommen unumstritten. Besonders eine Person hätte formal juristisch die gleichen Ansprüche auf den Thron gehabt. Amyntas war der eigentlich rechtmäßige König über Makedonien. Der Vater Alexanders Philipp sollte nur den Platz bis zu seiner Volljährigkeit einnehmen. Doch Philipp ließ sich selbst zum König krönen und nutze hierfür die Notstandssituation der vielen militärischen Auseinandersetzungen. Amyntas blieb am Leben, ließ sich später verheiraten und führte ein gewöhnliches adliges Leben.

Mit dem Machtantritt Alexanders änderte sich dieser Umstand. Der neue König ließ den augenblicklich zwar wenig gefährlichen, aber dennoch potenziellen Rivalen ermorden. Viele weitere Rache und Präventivmorde folgten wie stellvertretend der Mord an dem verdienten Attalos, dem Vater von Cleopatra der letzten Frau Phillips. Neben einen weiteren leiblichen Bruder mit einer geistigen Behinderung, streiten sich die Historiker darüber, ob Alexander auch noch einen weiteren Halbbruder hatte. Wenn dies der Fall war, dann wurde auch er mit größter Wahrscheinlichkeit zum Beginn der Alexander Ära ermordet. Ferner folgte die Eliminierung der Dynastie des Attalos, der Oheim von Philipp letzten kontroversen Braut Kleopatra war. Die letztgenannte wurde der Rache Olympias überlassen.

Der britische Alexanderautor Fox setzt die außerordentlich häufige logistische Abwesenheit und dem daher zunächst singulären Aufwachsen bei Olympia und seiner privaten Amme Ianike mit der grundsätzlichen Abwesenheit einer Vaterfigur Alexanders in seiner frühen Kindheit gleich und versucht hier psychologische Motive für die veritable Beziehung zwischen Alexander und Hephaistion zu erkennen. [14]

4. Duell Royal - Die Aufkommende Rivalität zwischen König und Thronfolger

Die Geburt Alexanders war Teil eines für Philipps außerordentlich günstigen Dreiklangs. Plutarch berichtet: Als Philipp gerade einmal mehr eine Stadt erfolgreich eroberte, erreichten ihm drei Nachrichten fast gleichzeitig: Die erste handelte vom Sieg des Parmenion über ein Heer des makedonischen Erzfeindes der Illyrer. Die zweite Nachricht tat vom Sieg seines Pferdes beim Pferderennen bei den Olympischen Spielen kund und die letzte Nachricht befasste sich mit der Kunde der Geburt von Alexander. [15] Und bis zum zwölften Lebensjahr und der legendären Zähmung von Bucephalus erscheint Alexander einerseits stark zu seiner Mutter Olympia hingezogen und

---

14 Vgl. Fox: Alexander der Große, S. 66.
15 Vgl. Paul Cartledge: Alexander the Great, S. 81.

nicht zu vernachlässigen ist auch die Faszination für seine Schwester Kleopatra.[16] Zu Philipp gab es einerseits ein distanziertes Verhältnis, schon aufgrund der logistischen Abwesenheit in Zusammenhang mit den zahlreichen Feldzügen. Andererseits wohl auch viel Respekt gegenüber dem Vater. Dieser Zeitraum könnte man als den erste Phase der Beziehung zwischen Philipp II. und Alexander III. definieren.

Als zweite Phase könnte die Zeit zwischen dem 12. und dem 16. Lebensjahr angesehen werden, der Zeit der Pubertät Alexanders, die mit der Ernennung zum Stellvertreter Philipps und Regent über Makedonien während Philipps Abwesenheit endete. Hier sind sicherlich mehr Spannungen zu konstatieren, auch wenn die Beziehung sicher noch weit entfernt vom Grad der Zerrüttung ist, die Später mit dem Auszug von Olympia und Alexander aus Pella kulminieren sollte. Ansonsten hätte Philipp nicht schon jetzt die dezidierte Entscheidung getroffen, Alexander zu seinem Stellvertreter und Regent während seiner Abwesenheit zu ernennen. Mit 18. Jahren wurde Alexander von Philipp zum Kommandanten der Kavallerie ernannt.[17] Unmittelbar vor der Entscheidungsschlacht zwischen Philipp und der antimakedonischen Allianz aus Athen und Theben.

Umso stärker Spannungen in den Beziehungen zwischen Olympia und Philipp zu konstatieren waren, hinterließen diese ihren Schatten im Hinblick auf die Beziehung zwischen König und Thronfolger. Obgleich mit dem Älter werden von Alexander III. wohl sowieso Spannungen und gewöhnliche männliche Rivalitätskonflikte zwischen Philipp und Alexander aufgetreten wären, spätestens in der Phase zwischen Alexanders Jugendlichen Reife und seiner Volljährigkeit.

Die in der Einleitung angedeutete starke Beziehung zwischen Olympia und Alexander, die partiell Elemente des exzeptionellen aufweist, ist in ihrer spezifischen Ausformung kontrovers. In der Post-Modernen Geschichtsforschung gibt es zahlreiche Psyche-analytische Spekulationen in diesem Zusammenhang, die auch in die modernen Film Inszenierungen wie in der Einleitung aufgezeigt, ihren Eingang finden. Dennoch bleiben diese Analysen spekulativ und lassen sich aufgrund der Quellenlage nicht normativ nachweisen.

Inwieweit Olympia in das Attentat verstrickt ist, das hier noch ausführlicher behandelt wird, bleibt spekulativ, obgleich ihr Motiv, sowie die dahingehenden Vermutungen in der Sekundärliteratur immens sind.

Die letzte oder vorletzte Phase der Beziehung [je nach Auslegung] kann das Zerwürfnis zwischen Alexander vs. Philipp und vor allem Olympia vs. Cleopatra & Philipp angesehen werden. Die

---

16 Ders.
17 Ders.

Beziehung zwischen Cleopatra und Philipp reizte Olympia außerordentlich und die Hochzeit verärgerte sie und Alexander maßlos. Während dieser Hochzeit hat Attalos die Vermählung als eine Art Traumhochzeit bezeichnet und von einem gemeinsamen Sohn als legitimen Erben des makedonischen Throns geschwärmt. Hierdurch wurde Alexander aufgrund der Herkunft seiner Mutter Olympia aus dem griechischen Königshaus von Epirus als illegitimer Erbe und Sohn klassifiziert. Alexander bekam hierdurch auf der Hochzeit einen Wutausbruch Sui Generis, dass Olympia und Alexander danach in das Exil flüchten mussten. Spätestens hier war das Verhältnis zwischen dem späteren Alexander III. und Philipp II. vollkommen zerrüttet.

Später kam es zwischen Alexander und Philipp zu einer Art Versöhnung und Alexander wurde von Philipp zurück nach Pella bestellt. Diese kurze Zeitperiode könnte man als den vierten und somit letzten Aggregatzustand innerhalb der diffizilen Beziehung zwischen Philipp und Alexander bezeichnen. Es sollte nicht lange andauern, weil fast unmittelbar das Attentat auf Philipp einsetzen sollte. Es gibt in den Quellen und bei den großen Alexander Autoren unterschiedliche Berichte, ob Alexander zum Zeitpunkt während des Attentates noch im Exil war oder schon nach Pella zurückgekehrt war.

5. Game-Change der Alten Geschichte - Das Attentat

Kurz nach der Hochzeit zwischen Philipp und seiner siebten Gemahlin Cleopatra, folgte die nächste Hochzeit zwischen der Schwester Alexanders und Tochter Philipps ebenfalls Cleopatra, mit einen mehr oder weniger entfernten makedonischen Verwandten. Pausania, der Attentäter, gehörte zu den engsten Leibwächtern Philipps. Seine Motivation waren Groll, männliche ehrverletzende Erfahrungen und somit der Durst nach Rache.

Philipp, der neben Alkohol und Ausschweifungen, nicht zuletzt Frauen außerordentlich zu getan war, hatte dennoch gelegentlich auch kurze homosexuelle Affären und insofern auch Erfahrungen mit seinem intimen Leibwächter Pausanias. Als sich Philipps Aufmerksamkeit zunehmend einem anderen Leibwächter zuwandte, kam es zu Missgunst und Eifersucht von Seiten Pausanias. Dieser forderte seinen Konkurrenten auf, Pella zu verlassen. Der von Pausanias angefochtene reagierte sehr emotional und stellte sich bei der nächsten Schlacht so eindeutig in die vorderste Reihe und fast schon innerhalb der Linien des Gegners, dass er seinen Tod geradezu provozierte.

Die Gefährten Philipps und anderen Leibwächter wollten beim nächsten Trinkgelage Pausanias für sein eifersüchtiges Verhalten eine folgenreiche Lehre erteilen. In dem sie Ihm Sturz betrunken in gewisser Weise Missbrauchten, wobei wahrscheinlich auch eine nichtmenschliche dritte Partei in Form von Maultieren eine Rolle spielte.

Als Parmenion den Rauch ausgeschlafen hatte, sah er seine männliche Ehre als im größtmöglich anzunehmenden Maße verletzt an und sonnte auf Rache bei Attalos, dem Drahtzieher des missliebigen Sachverhaltes. In diesem Zusammenhang behelligte Parmenion Philipp mit seinem Rache- und Strafwünschen bezüglich von Attalos. Dieser war für Philipp unentbehrlich und sollte das militärische Vorauskommando in Kleinasien anführen. Daher versuchte Philipp Parmenion nur zur beschwichtigen und ihm zu befördern in dem Kreis der aller engsten Leibwächter.

Parmenion, der ursprünglich an Attalos Rache nehmen wollte, begann alternativ über einen Stellvertreter Mord an Philipp nachzudenken, weil er sich durch ihm im Zusammenhang mit der Verletzung der männlichen Ehre, nicht angemessen behandelt fühlte. Hierbei spielte auch der Ruhm Aspekt eine Rolle.

Es gibt zahlreiche Spekulationen, dass Olympia Parmenion angestiftet und überzeugt haben soll, anstatt an Attalos an Philipp Rache zu nehmen, wenn es auch wie bereits ausgeführt keinen normativen Beweis gibt, der sich aus den Primärquellen ergibt.

Dennoch gibt es rationale Gründe, die offizielle Erklär Theorie zu hinterfragen, welche den Mord an Philipp auf einen Einzeltäter reduziert: Zunächst die außerordentliche Gefahr durch einen neuen männlichen Thronerben. Durch die Verbindung zwischen Olympia und Philipp an den Rand gedrängt zu werden, lässt sich im Disput über das Mordmotiv Alexanders nicht wegdiskutieren. Auch die bilateralen Geheimverhandlungen zwischen Alexander und Persien über eine eheliche Verbindung mit einer eher niedrig rangierenden Tochter einer persischen Satrapen, im Zusammenhang mit der sogenannten Pixodarus- Affäre[18], verdeutlichen diese von Alexander so wahrgenommene Gefahr.[19]

Eine weiteres Indiz für eine größer angelegte systematische Verschwörung ist der Umgang mit dem Mörder Parmenion. Der auf der Stelle, zufällig von sehr engen Vertrauten Alexanders, umgebracht wurde. Anstatt Ihm zunächst gefangen zu nehmen und zu Verhören. Hier wurden auf der Stelle Fakten geschaffen und die Mörder Parmenions wurden in der Ära Alexander III. zu sehr beachtlichen Positionen befördert.[20]

---

18 Vgl. Plutarch, S. 287.
19 Vgl. Paul Cartledge: Alexander the Great, S. 95.
20 Ders.

Ferner fand das Attentat zum politisch womöglich günstigsten Zeitpunkt für Alexander statt. Unmittelbar vor dem Aufbruch Philipps nach Persien, kurz nach der Hochzeit Philipps mit Kleopatra und in zeitlicher Korrelation mit der von Philipp an georderten Rückberufung Alexanders. Im Zuge der Konter-Ermordung von Parmenion wurden noch einige weitere Personen als Mitverschwörer tituliert und ebenso rasch wie unbarmherzig aus dem Weg geräumt.

Kurzum inwieweit Alexander in das Attentat verstrickt ist und Ihm, sowie Olympia die Urheberschaft dafür zugebilligt werden kann, lässt sich aufgrund der Quellenlage nicht abschließend bewerten. Das Profil eines veritablen Motivs spricht seine eigene Sprache. Anderseits sollte man den Machtinstinkt Alexanders III. den Gunst des Augenblicks zu nutzen und rasch neue Konstellation in seinem Sinne auszunutzen nicht unterschätzen, weil diese Fähigkeiten sich bei der Konsolidierung des Machtmonopols über Hellas und während der Perserkriege geradezu inflationär offenbaren sollen.

6. Ein Vergleich der Politik zwischen Alexander III. und Philipp II.

Während sich bei der Geburt des späteren Alexander III. für Philipp zwei weitere oben beschriebe gute Ereignisse ereigneten: So gab es in der Nacht von Alexanders Geburt auch ein Omen das nachdenklich stimmen sollte. Der Brand des Tempels der Artemis.[21] Den man als Omen für die Zerstörung und Kultur verächtlichen Niedertrennung von Theben und vor allem Persepolis werten kann. Obgleich es für die Zerstörung von Theben innerhalb des Korinthischen Bundes, der zu dieser Zeit ein Reines Akklamationsorgan Alexander III. war, durchaus Anhänger gab. Hierfür sind die Perserkriege und das bilaterale Militärbündnis zwischen Theben und Xerxes maßgeblich, dass die griechische Allianz schwören ließ, bei einem Sieg Theben später niederzubrennen. Dennoch wäre es ohne Alexander III. hierzu wohl niemals gekommen. Die Pentakontaetie und nicht zuletzt die Ära von Philipp lagen dazwischen und hätten das traditionsreiche Theben anderweitig vor einer irreversiblen Auslöschung bewahrt.[22]

Indes hier steht Alexander nicht alleine, auch sein Vater zerstörte aus emotionalen wie strategischen und vor allem machtpolitischen Motiven Methone 354 B.C.   Ein Kulturpolitisch bzw. Kulturhistorisch geradezu größtmöglich anzunehmendes Unglück. Philipp wie Alexander gründeten viele neue Städte nach ihrem Namen. Neben den vielen Alexandrias sollte hier auch Philippi nicht vergessen werden, wo einige Jahrhunderte später die Entscheidungsschlacht zwischen den republikanischen Armeen der Mörder Caesars auf der einen und auf der anderen Seite Antonius und

---

21 Vgl. Peter Green: Alexander of Macedon, S. 35.
22 Vgl. „Pentakontaetie" bezeichnet die fünfzig Jahre zwischen den Perserkriegen und dem Peloponnesischen Krieg.

Oktavian stattfinden sollte. Während mit der römischen Einnahme der berühmtesten aller Städte mit Alexanders Namen, das Alexandria zwischen Nildelta und Mittelmeer, die Zeit des Römischen Bürgerkrieges endgültig zu Ende gehen und die Römische Kaiserzeit beginnen sollte.

Mit dem Beginn der Regentschaft von Alexander III. begann zunächst eine optische Revolution. Die Politik ohne Bart bzw. die makedonische Regentschaft ohne Bart ein Novum ohne Beispiel in der Geschichte Makedoniens. Das Motiv Alexanders sich hiermit wie Herakles zu inszenieren konnte seine regierten Zeitgenossen hiervon letztendlich überzeugen. Hierin ist Alexander III. singulär und dies gilt allgemein für seine Symbolpolitik.

Die Überwindung des Gordischen Knotens, der Sperrwurf auf das asiatische Festland während der Übersetzung der Panhellenischen Armee unter seinem Kommando nach Kleinasien, um symbolisch Asien in den Besitz zu nehmen - all diese Elemente unterscheiden Alexander III. von Philipp II.

Gemeinsam ist beiden ferner die rabiate machtpolitische Säuberung von allen erdenklichen und potentiellen Rivalen während des Herrschaftsantritts. Auch wenn Alexander hier viel rascher und umfassender ist als sein Vater. Hier muss allerdings auch die Form des Herrschaftsantritts Berücksichtigung finden. Philipps Wahl zum König durch die Heeresversammlung war ein legaler Staatsstreich.[23] Während Alexanders Machtantritt durch den vorausgegangenen Mord Ihm die Option gab potenzielle Konkurrenten als Mitverschwörer titulieren zu lassen und sie so vermeintlich legitim auszuschalten. Viele loyale Anhänger Philipps fanden sich später als Kommandanten der Militäreinheiten innerhalb der Provinzen des Alexanderreiches wieder. Der Dreiklang aus Morden, Einschüchtern und Bestechen ist ein vielleicht vitales Element innerhalb der Politik beider Charaktere. Auch, wenn Alexander diese Methode perfektionierte und es mit Sicherheit geschickter verstanden hat, sich nicht selbst die Hände schmutzig zu machen.

Beide instrumentalisieren die Mandatsträgerfunktion des Panhellenischen Rachefeldzuges für eigene Ziele. Reichtum und zusammenschweißen der Mitglieder des Korinthischen Bundes (Philipp) und auf der anderen Seite Ruhm-Sucht, Abenteuer und letztlich Weltherrschaft (bei Alexander).

Man muss Alexander der Große auch immer als das Produkt der Umstände sehen, die vorrangig Philipp konstituierte wie die umfassenden Militärreformen wie insbesondere stellvertretend die Implementierung des Konzeptes der Verbundenen Waffen und die Dominanz über Hellas im Zusammenhang mit der Konstituierung des Korinthischen Bundes. Während Philipps Motivation der Konsolidierung Makedoniens und Dominanz über Hellas und ggf. auch noch Rückeroberung

---

23 Vgl. Siegfried Lauffer: Alexander der Große, S. 16.

der griechischen Poleis Städte innerhalb von Kleinasien war, so ist die singuläre Motivation von Alexander III. mit aller Macht den Ruhm seines Vaters zu übertreffen, an seine eigenen Grenzen zu kommen und dabei die Grenzen seiner Zeit und des griechischen Oikos im größtmöglich anzunehmenden Maße zu überschreiten.

Literatur

Bengtson, Hermann: Philipp und Alexander der Große, München 1985.

Bosworth A. B./ Bayham E. J. (Hrsg.): Alexander the Great in Fact and Fiction, Oxford 2000.

Brocker Max: Aristoteles als Alexanders Lehrer in der Legende, Bonn 1966.

E. Carney: The Politics of Polygamie – Olympias, Alexander and the Murder of Philipp, in Historia. Zeitschrift für Alte Geschichte, Band 41, Heft 2, 1992, S. 169-189.

Cartledge Paul: Alexander The Great, New York 2004.

Engels, Johannes: Phillip II. Und Alexander der Große, Darmstadt 2006.

Errington, Malcom: Geschichte Makedoniens, München 1986.

Fox, Robin Lane: Alexander der Große, Düsseldorf 1973.

Gehrke, Hans- Joachim: Alexander der Große, München³ 2009.

Green, Peter: Alexander of Macedon, 356 – 323 B. C, Los Angeles 1991.

Lauffer, Siegfried: Alexander der Große, München 1978.

Müller, Sabine: Maßnahmen der Herrschaftssicherung gegenüber der makedonischen Opposition bei Alexander dem Großen, in Europäische Hochschulschriften, Geschichte und ihre Hilfswissenschaften Reihe III., Frankfurt am Main 2003.

L. Schumacher: Zum Herrschaftsverständnis Philipps II. Von Makedonien, in Historia, Zeitschrift für Alte Geschichte, Band 39, Heft 4, 1990, S. 426-445.

Worthington, Ian: Philipp II. Of Macedonia, Yale University, 2008.

Quellen:

Plutarch: The Life of Alexander the Great, in: Selected Lives form Lives of the Noble Grecians and Romans, Band 1, übersetzt von Paul Turner, Fontwell 1963, S. 281-338.